COLECCIÓN POESÍA

El cadáver de Narciso

Vicente Antezana del Carpio

Electrodependiente

El cadáver de Narciso

Premio Nacional de Poesía

"Edmundo Camargo"

2016

PRÓLOGO

EL CUERPO DE NARCISO

Hermoso joven, bello, el que más. Cazador, solitario. Tan hermoso cuanto cruel. Narciso rechazaba a todos quienes se enamoran de él, mujeres, hombres, incluso rechazó a Eros.

Aminias era uno de los jóvenes que se enamoró de él. Nunca dio un paso atrás. Es más: prometió que daría la vida por Narciso si fuera necesario. Grave error, ya que Narciso le pidió su vida. "Toma esta espada y mátate", le dijo, "pruébame tu amor". Aminias se cortó el vientre frente a la casa de Narciso, pero pidió a los dioses venganza.

Los dioses aceptaron.

Por ello, como castigo, los dioses hicieron que Narciso se enamore de sí mismo. Se vio reflejado en el agua. Narciso se lanzó a amarse, y murió ahogado tratando de encontrarse en el fondo del lago. Pero el cuerpo del joven es tan bello que no se pudre, sino florece. Se transforma.

Este libro nos presenta el acto de amarse, pero ya consumado. Solo flota la flor que queda como un recordatorio, como el fin de la contemplación de la belleza para iniciar una nueva vida, donde lo bello no es para uno, sino que se vuelca hacia el otro, hacia el mundo, dejando perfumes y pétalos en la orilla.

Cecilia de Marchi Moyano

I

La ceguera es temporal. El dolor, imaginario.
Viajo con la premonición, el cuervo me sigue, alivia mi
/carga.
Traigo conmigo, soy, la enfermedad de mi generación.

He construido mi propio palacio,
piedra por piedra, con carne y sangre,
se mantiene erguido sobre miedos y mentiras.

Las palabras son todas desechables, más aún, todas son
/desecho.
La verdadera existencia es inefable.
Nunca una palabra ha creado algo nuevo.

Soy un tejedor de mentiras, un incurable adicto a lo
/indescriptible.

II

Reconozco las baldosas de palabras
Que sólidas crecen bajo los pasos
Y aíslan la perspectiva de mis brazos
Más reniego la perspectiva de las palabras sólidas.

Todos fallan.
        Todos caen.

Verso prisionero, enfermo de fatalidad
Sien embriagada de cianuro
Arteria ardiendo en escarcha
Prosa flameante, envenenada y cautiva

        Se ruega cerrar los ojos

III

Hay sobre mí un ángel torturado
balanceando mi mundo entre sus pulgares
Atento más allá del alcance de mi vista
No veo. No siento. No sé.
Se pone de puntillas sobre mi terror
y alcanza sus talismanes perdidos
para reanudar su duelo.

ESPADAS

BALAS DE DIAMANTE

(Ayer) Caemos por los abismos de la desesperación.
Dejamos la vida fría y pútrida en las esquinas de los
/cuartos condenados.
Nos alejamos del viento y el valor.
Este día nace y muere en espanto
se consume en oscuros azules y en lágrimas.
Las estrellas de la maldición se reunieron hoy para acabar
/con nuestras vidas.
Al caminar pozos sin fondo surgen ante nuestros pies.
No hay salvación.
Tengo que dejar de soñar.

PERROS DE CAZA

Duelen las premoniciones.
Duelen porque vienen de puntillas y desde lejos.

Suavemente,
van cavando en la carne,
royendo los huesos,
masticando el espíritu.

Finalmente alcanzan un cadáver sin cabeza.

Y terminan por devorar mi cuerpo.

HADES

Siento perderme en los pliegues del mundo,

presagio la combustión de cada bocanada de aire que

/pasa por mi garganta.

El segundero avanza poco a poco, inexorable, fatal.

El fin marcado se acerca con furia y miedo.

No estamos acostumbrados a ver los finales cara a cara.

Máscaras de metal y ojos vacíos,

visten velos negros,

vienen de a pares y por caminos opuestos,

imposible escapar al pasado.

Siempre llegan en silencio...

Tanto silencio como puede caber en la destrucción de una

/vida.

Tropiezas, caes, gritas y lloras,

¿pero para qué luchar contra lo inexorable?

Siempre queda la esperanza de que, en su paso marcial,

se olviden de ti.

LIMBO

Soles negros. Cielos vacíos.
Casas, tumbas abandonadas.
Calles, mares marchitos.
La muerte, prohibida.
La vida, jamás existió.
No hay escape.
No hay fugitivos.

EL VERDUGO

Es hora de navegar al abismo más lejano,
camino hacia la oscura y ominosa puerta.

Tras ella,
el nudo y la cuerda,
mi cadalso bajo el cielo que amé,
bajo la lluvia que pesa tanto.

Extraviado en océanos de sangre estuve,
deteniéndome en cada fuego para olvidar.

¿Quién habitó en mí?

Sueño cada noche con el regreso
Y cada día con el olvido.

LA MUERTE POR FUEGO

Mientras caen los granos de arena
a través del delgado cuello del reloj,
las profecías surgen de las sombras:
"Esta Era de llagas llegará a su fin"

En el fondo de la noche anida la oscuridad o,
anida en el fondo de la oscuridad la noche.

Vuelan los aceros atravesando sueños
y el mundo gira bajo tus pies.
Sólo entonces escuchas:
"Debemos verlos arder".

Tu miedo es un cielo resquebrajándose
bajo el frío de los fuegos del alba.

Vienen, lo sabes,
rasgando piel, músculos y hueso,
reptando por las vértebras,
mutilando tendones,
vísceras genitales
boca dientes lengua
ojos manos vientre.

Mientras pereces una vez más,
tu fuego es cada vez más fuerte y salvaje.
Así, dejas un rastro rojo de cenizas.

Pronto, ya no hay dolor.
Estas flotando en el fuego
para volver a soñar.

¡Arde vida mía en el vórtice finito de tu destino!

MI HERMOSA SÚCUBO

HUMO PROFUNDO

Un susurro azabache tu cabello.

Dos melodías frágiles dejan tus pasos de aire.

Tres muertes escondes en tu vientre.

Cinco criptas resucitan tu recuerdo.

Siete cielos se elevan sobre tu cuerpo.

Trece pecados para tus sombras y mi sangre.

LUNA DE MEDIODÍA

Te escribo desde mi mundo giratorio. Desde este mundo
/que gira por ti.
Los vientos me acarician y el calor deja tu sombra en mi
/cuerpo.
Mi sol sale de noche y se va en un unicornio a casa.

SOL DE MEDIANOCHE

Vivimos en un océano de aguas vacilantes.
Nos alimentamos de cenizas,
sobre mortajas arrastramos los pies.

La oscuridad de la noche cae y enceguece,
tropezamos, sangramos, dolemos.

Cuando nos sorprende el fin del atardecer
vemos los fuegos que nos mantienen despiertos.

MI HERMOSA SÚCUBO

Mi demonio. Mi hermosa súcubo.
Estás ahí, maculada, manchada, inocente, joven,
con un júbilo extraño a mi mundo...
Y lo corrompo. Lo mancillo.
Te arrastro a mi círculo y a mi melancolía.
Sé que no sobrevivirás.
No me importa.
El fruto de la mortalidad es amargo.

DESENCUENTRO

Quiero ser viento.
Escapar a las manos.
Respirar donde nadie ha respirado.
El aire frío de la montaña imaginada.
Quiero ser montaña. Mar.
Bosque. Frío.

Mis yemas ya no te sienten cerca.

MORTIS CAUSA

Eres diez días de luz soñados entre colores y silencios.

Eres siete horas de oscuridades y deseos azulados.

Soy un verso verde. Eres un durazno escondido.

Llevas contigo noventa y cuatro cuervos crepusculares.

Traes una lágrima alada, ruiseñor argénteo en tus

                                   /mejillas.

Eres infinita nube y eterno relámpago.

LIBROS INCENDIARIOS

Soñé que despertaba y encontraba tus ojos en los míos.

Soñé tu piel bajo la luz de la mañana,

tu sonrisa desafiando la belleza de la aurora,

tu abrazo desafiando el calor del sol.

Pero solo me despertaron las explosiones.

Están cerca.

Están aquí.

HECHIZO

La noche atrapada en esta habitación
me mantiene ciego.
Busco su garganta
tras sus débiles suspiros.
Me acerco, palmo a palmo
a rozar la seda de sus cabellos
y un olor denso nace de su cuerpo.
Mis yemas bailan sobre una piel ya fría
Vacías las cuencas,
descarnados los labios.

Azrael
abraza a su última amante.

EPIMETEO

¿Cuán inalcanzables pueden ser las estrellas?

Inalcanzables como música, escapando entre los torpes

/dedos.

Atrasos. Adelantos.

Infinitos errores del tiempo para una vida puntual.

Destiempo en el sentimiento.

Perfección en los errores.

Siempre otoño en los pensamientos.

Ciclos de una simetría del remordimiento.

Amar o no amar. Ninguna cuestión.

LOS COLORES ESTÁN SANGRANDO

El color amarillo tiene
una herida en mi brazo,
el azul tiene
dos cortes rectangulares
cicatrizando en mi escritorio,
y el verde...
el verde tiene
una llaga,
una quemadura,
un pellizco
y el blanco duele
como tu silencio.

INSOMNIO

Caen pesadas las invisibles nubes de la noche
cuando sus paredes no las contienen
y encuentro tu recuerdo entre cenizas y nieve,
tus vaporosas manos de cada mañana.
Más lo pierdo entre mis papeles amarillos
tan llenos de secretos.

VIGILIA

Máscaras de continuo velo estarán, están, pasando por mi
/vida.
En una interminable multitud de rostros sobre el espejo.
Y yo soy uno de ellos.

TANGO PERDIDO

Tu risa me hace recuerdo a llamas de colores y a una
                                        /plaza vacía,
un traje cálido donde veo las estrellas que se reflejan en el
                                        /firmamento,
un verde profundo que se astilla bajo el peso de una
                                        /noche roja,
tu mano inesperada.
Escucho tu risa y recuerdo oscuridad,
polvo de caminos lejanos,
frio mortal que es brisa entre los dedos.
Noches sin sueño, fantasmas en los pasillos.
Días fuera de las ventanas, pájaros de júbilo.

MENTE EN BLANCO

Las letras colgadas del vacío.

Hay un ojo en el lienzo de Penélope que deseo

y que nunca podré ver completo.

Las palabras que no se dijeron viven en las arterias,

los deseos son sueños,

                    nublan la vista.

DECIRES

Desde los confines de la soledad asoma el vacío de tu
/mirada.
Y caigo...
Nuestras manos murmuran sobre nuestras pieles.

TÁRTARO

Me trae sin cuidado compartir contigo una noche
o todas las que me restan.
Me trae sin cuidado gastar todas mis fuerzas
cada día, cada mes, cada año, cada vida.
Volando a la altura de tu vuelo el miedo es insignificante
y la vida es el infierno elegido.

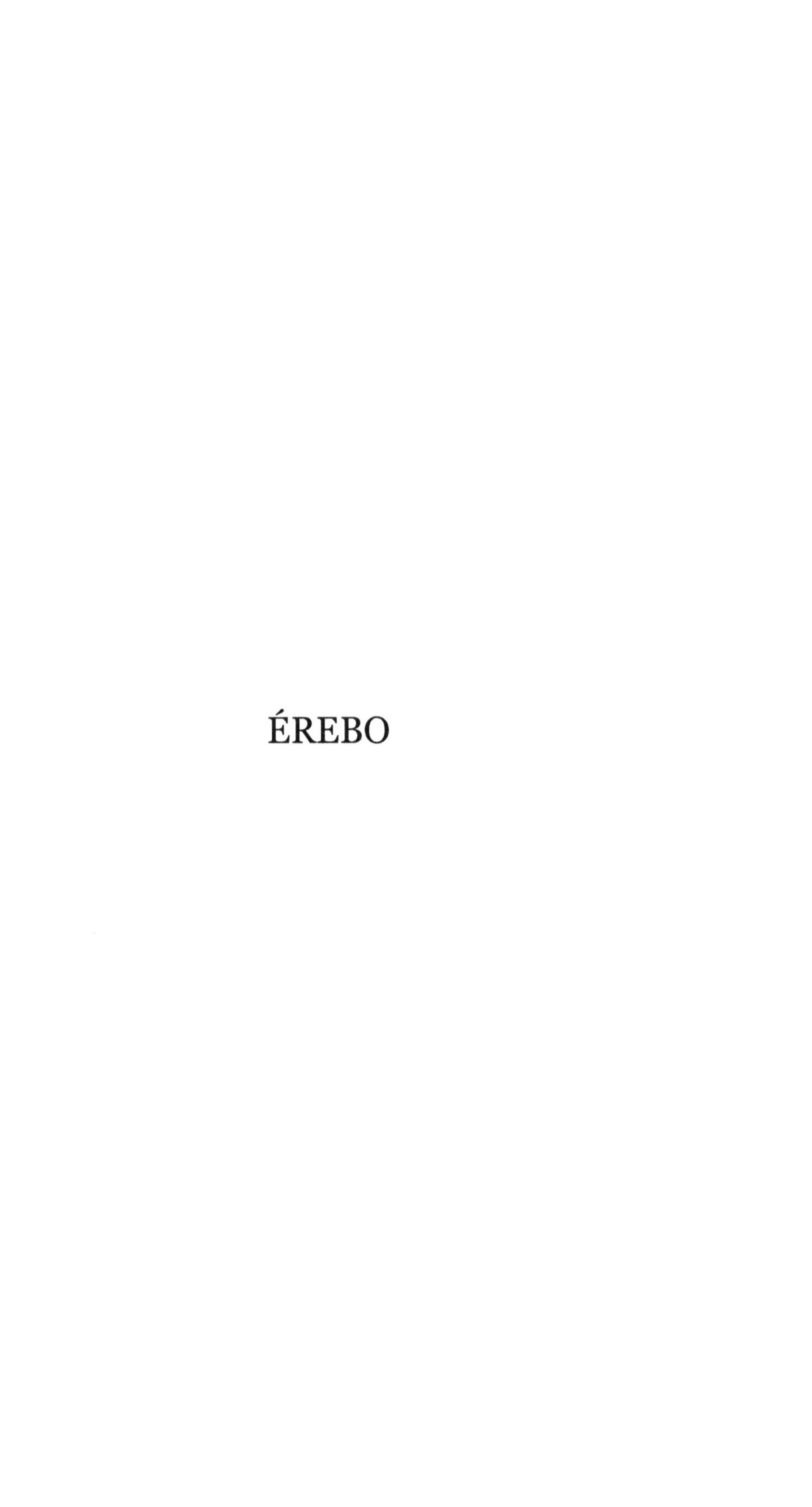

ÉREBO

I

Hay un mundo galopando en círculos.

Veo pueblos desiertos, con cadáveres en pedestales.
Siento aviones de miedo y dolor volando por encima de
/mi cabeza.
Soñando no puedo alcanzarte.
Despertando...

Las noches devoran mis párpados.

III

El sueño, denso mercurio nocturno,
habitado de gritos y murmullos
persigue mi alma
para el tormento.

No me dejan respirar
los crujidos de las mandíbulas gargantuescas cerrándose
persiguiendo su presa.
La ilusión de un sol que quema pieles y derrite huesos
es mi estado de demencia.

V

Tu mano me encuentra.

En pasillos desolados y laberintos de sueños furiosos,
derribando sombras de cuervos y lobos,
con los pies en la ribera del Aquerón.
Bajo el murmullo de los muertos
me encuentra.

EL CADAVER DE NARCISO

Todas las conjeturas fueron verdaderas,

tal vez

Debe desparecer uno de los dos,

tal vez.

Quisiera negar lo que nunca negué,

afirmar lo que nunca afirmé,

matar lo que nunca existió.

El estanque se oscurece como la realidad.

Soy el iris obscuro del reflejo,

que imperceptiblemente va vaciándose,

gota a gota,

por la fosa de los ojos abiertos.

Toda una vida de espera merece toda una vida de

/compañía.

Vicente Antezana del Carpio (Sucre 1991) Poeta y artista visual especializado en diseño gráfico. Radica en Cochabamba. Admirador de Dylan Thomas, Borges y Cortázar, como poeta recién se conocieron sus trabajos a partir del Premio "Edmundo Camargo" 2016; actualmente se encuentra preparando una nueva obra poética. Como artista visual ha colaborado con varias organizaciones como TELARTES, CENDA, Colegio de Arquitectos, Psicólogos sin Fronteras y dirige el estudio gráfico y audiovisual "Gato Cromático". De igual forma se halla preparando una exposición itinerante de arte visual y carteles a partir de 2019.

*

Esta edición de "El cadáver de narciso" se
terminó de imprimir en los talleres
de Electrodependiente en
Diciembre de 2018
Cochabamba
Bolivia

*